## *Vorwort*

Endlich ist es wieder Sommer! Die Früchte reifen, die Sonne scheint und man bekommt Lust auf frische und fruchtige Rezepte. Mit dem Thermomix TM5 ist alles ganz schnell und leicht nachgearbeitet.

Verwöhnen Sie Ihre Lieben mit phantasievollen Rezepten.

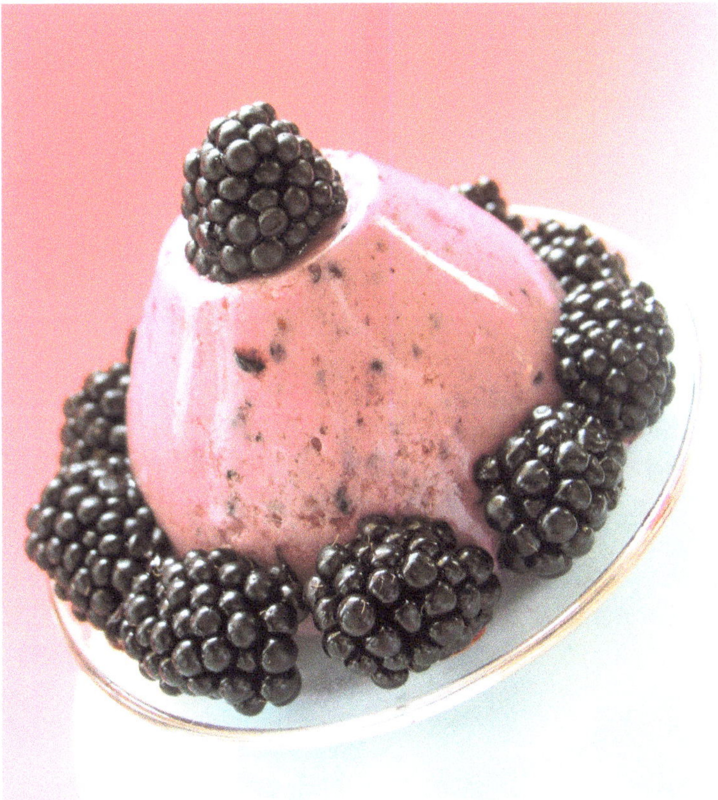

## *Inhaltsangabe*

Aprikosen Pudding
Bananen Zimt Pudding
Schokoladen Avocado Bananen Pudding
Vanille Sahne Creme
Kürbispüree mit Sahne Pudding
Keks Pudding
Marzipan Orangen Pudding
Schoko Sahne Verführung
Zimt Pudding
Rotwein Pudding
Veganer Bananen Pudding
Quark Pudding mit Erdbeerhaube
Eierlikör Pudding
Orangen Pudding
Veganer Mandelpudding
Erdbeer Pudding
Schoko Bananen Pudding
Erdnussbutter Mango Pudding
Kokos Rum Pudding
Mohn Pudding
Himbeere Pudding
Milchkaffee Traum
Honig Tee Pudding
Multivitamin Pudding

Marzipan Pudding
Kokosmilch Pudding mit Himbeeren
Zimt Apfel Pudding
Lebkuchen Pudding

Macarons

Vanille Macarons
Erdbeere Macarons
Pistazien Macarons
Amaretto Macarons
Schoko Macarons
Lebkuchen Macarons
Orangen Macarons
Zitronen Macarons
Rum Macarons
Kirsch Macarons
Bananen Macarons
Kokos Macarons
Macadamia Macarons
White Chocolate Macarons
Heidelbeere Macarons
Matcha Macarons
Pfefferminz Macarons
Zimt Macarons
Double Chocolate Macarons
Schokoladen Minze Macarons
Schokoladen Chili Macarons
Erdbeere Balsamico Macarons
Cranberry Macarons
Marzipan Macarons
Salmiak Macarons
Anis Macarons

Schoko Orangen Macarons
White Chocolate Lemon Macarons
Schokoladen Matcha Macarons

Marmelade

Himbeere Bananen Marmelade
Erdbeere Balsamico Marmelade
Avocado Aprikosen Marmelade
Birnen Marzipan Marmelade
Apfel Mohn Marmelade
Brombeere Marmelade
Clementine Bananen Marmelade
Feigen Zimt Marmelade
Granatapfel Rotwein Marmelade
Heidelbeere Marmelade
Honigmelone Holunder Marmelade
Himbeere Avocado Marmelade
Kiwi Avocado Marmelade
Schoko Kirsch Marmelade
Lychee Marmelade
Mango Maracuja Marmelade
Mirabellen Weißwein Marmelade
Orangen Chili Marmelade
Pfirsich Bananen Marmelade
Pomelo Gewürz Marmelade
Papaya Birnen Marmelade
Weintrauben Wassermelone Marmelade

## Gelee

Weißwein Gelee
Holunderbeersaft Gelee
Johannisbeere Vanille Gelee
Glühwein Gelee
Grüntee Gelee
Multivitamin Gelee
Birnen Gelee
Rum Rosinen Gelee
Blutorangen Gelee
Kirsch Chili Gelee
Rote Bete Gelee
Apfel Karotten Gelee
Granatapfel Rotwein Gelee
Apfel Gelee
Tomaten Basilikum Gelee
Kokos Gelee
Karamell Gelee

## Curd

Orangen Curd
Erdbeere Curd
Schoko Mandel Curd
Milch Curd
Sonnenblumenkern Curd
Zitronen Curd
Zimt Curd
Bananen Curd
Johannisbeere Curd
Waldmeister Curd
Vanille Rosinen Curd
Himbeere Curd



Nachtrag zum Impressum/ Copyright

### *Aprikosen Pudding*

Zutaten
100 g Aprikosen in Hälften
200 g Buttermilch
300 g Milch
1 Pck. Vanille Zucker
42 g Speisestärke
10 g Butter
80 g Zucker

Zubereitung
Zuerst das Obst in den Mixtopf geben. Auf Stufe 10 / 5 Sekunden zerkleinern. Nun die übrigen Zutaten hinzugeben. Nochmals auf Stufe 10 / 5 Sekunden zerkleinern. Auf Stufe 2 / 100 Grad / 8 Minuten kochen. Umfüllen und erkalten lassen. Guten Appetit!

## *Bananen Zimt Pudding*

Zutaten
1 große Banane in Stücken
450 g Milch
50 g Sahne
½ TL Zimt
1 Pck. Vanille Zucker
35 g Speisestärke
10 g Butter
70 g Zucker

Zubereitung
Zuerst das Obst in den Mixtopf geben. Auf Stufe 10 / 5 Sekunden zerkleinern. Das Obst eventuell mit dem Spatel nach unten schieben. Nun die übrigen Zutaten hinzugeben. Nochmals auf Stufe 10 / 5 Sekunden zerkleinern. Auf Stufe 2 / 100 Grad / 8 Minuten kochen. Umfüllen und erkalten lassen. Guten Appetit!

## *Schokoladen Avocado Bananen Pudding*

Zutaten
1 Banane in Stücken
Das Fleisch einer halben Avocado
30 g Kakao
1 Prise Pfeffer
500 g Milch
1 Pck. Vanille Zucker
40 g Speisestärke
1 Prise Salz
80 g Zucker

Zubereitung
Zuerst das Obst und das Avocado Fleisch in den Mixtopf geben. Auf Stufe 10 / 5 Sekunden zerkleinern. Nun die übrigen Zutaten hinzugeben. Nochmals auf Stufe 10 / 5 Sekunden zerkleinern. Auf Stufe 2 / 100 Grad / 8 Minuten kochen. Umfüllen und erkalten lassen. Guten Appetit!

## *Vanille Sahne Creme*

Zutaten
300 g Milch
200 g Sahne
Mark einer Vanille Schote
35 g Speisestärke
10 g Butter
80 g Zucker

Zubereitung
Alle Zutaten in den Mixtopf geben. Auf Stufe 10 / 5 Sekunden mischen. Auf Stufe 2 / 100 Grad / 8 Minuten kochen. Umfüllen und erkalten lassen. Mit Obst oder Müsli dekorieren. Guten Appetit!

## *Kürbispüree mit Sahne Pudding*

Zutaten
Pudding
200 g Sahne
300 g Milch
1 Pck. Vanille Zucker
35 g Speisestärke
10 g Butter
80 g Zucker

Püree
200 g Kürbis, gekocht
1 EL Zucker
1 MSP Bindobin

Dekoration
1 Hand voll Kürbiskerne


Zubereitung
Alle Zutaten für den Pudding in den Mixtopf einfüllen. Auf Stufe 2 / 100 Grad / 8 Minuten kochen. Umfüllen und erkalten lassen.
Kürbis und Zucker in den Topf füllen. Bindobin hinzugeben und auf Stufe 10 / 10 Sekunden mischen. Dessert aufschichten. Ein paar Kürbiskerne darüber streuen.
Guten Appetit!

## *Keks Pudding*

Zutaten
300 g Milch
200 g Sahne
100 g Kekse
Mark einer Vanille Schote
35 g Speisestärke
30 g Butter
80 g Zucker

Zubereitung
Alle Zutaten in den Mixtopf geben. Auf Stufe 10 / 5 Sekunden mischen. Auf Stufe 2 / 100 Grad / 8 Minuten kochen. Umfüllen und erkalten lassen. Mit Obst oder Müsli dekorieren. Guten Appetit!

## *Marzipan Orangen Pudding*

Zutaten
500 g Milch
100 g Marzipan Rohmasse
Saft einer Orange
1 EL Orangenschale, gerieben
40 g Speisestärke
10 g Butter
80 g Zucker

Zubereitung
Alle Zutaten in den Mixtopf geben. Auf Stufe 10 / 5 Sekunden mischen. Auf Stufe 2 / 100 Grad / 8 Minuten kochen. Umfüllen und erkalten lassen. Mit Obst oder Müsli dekorieren. Guten Appetit!

## *Schoko Sahne Verführung*

Zutaten
Schokopudding
500 g Milch
1 Pck. Vanille Zucker
40 g Speisestärke
10 g Butter
80 g Zucker
100 g Schokolade in Stücken

Sahnepudding
100 g Sahne
150 g Milch
15 g Speisestärke
30 g Zucker


Zubereitung
Die Zutaten für den Schokopudding in den Mixtopf geben. Nochmals auf Stufe 10 / 5 Sekunden vermischen. Auf Stufe 2 / 100 Grad / 8 Minuten kochen. Umfüllen und erkalten lassen.

Nun die Zutaten für den Sahnepudding einfüllen. Auf Stufe 2 / 100 Grad / 4,5 Minuten erhitzen. Erkalten lassen. Das Dessert schichten und genießen.

## *Zimt Pudding*

Zutaten
300 g Milch
200 g Sahne
1 TL Zimt
1 Prise Pfeffer
1 Prise Salz
1 EL Kakao
Mark einer Vanille Schote
35 g Speisestärke
10 g Butter
80 g Zucker

Zubereitung
Alle Zutaten in den Mixtopf geben. Auf Stufe 10 / 5 Sekunden mischen. Auf Stufe 2 / 100 Grad / 8 Minuten kochen. Umfüllen und erkalten lassen. Mit Obst oder Müsli dekorieren. Guten Appetit!

### *Rotwein Pudding*

Zutaten
200 g Milch
200 g Sahne
100 g Rotwein
Mark einer Vanille Schote
40 g Speisestärke
30 g Butter
80 g Zucker

Zubereitung
Alle Zutaten in den Mixtopf geben. Auf Stufe 10 / 5 Sekunden mischen. Auf Stufe 2 / 100 Grad / 8 Minuten kochen. Umfüllen und erkalten lassen. Mit Obst oder Müsli dekorieren. Guten Appetit!

## *Veganer Bananen Pudding*

Zutaten
100 g Bananen in Stücken
500 g Soja oder Mandelmilch
1 Pck. Vanille Zucker
35 g Speisestärke
70 g Honig

Zubereitung
Zuerst das Obst in den Mixtopf geben. Auf Stufe 10 / 5 Sekunden zerkleinern. Nun die übrigen Zutaten hinzugeben. Nochmals auf Stufe 10 / 5 Sekunden zerkleinern. Auf Stufe 2 / 100 Grad / 8 Minuten kochen. Umfüllen und erkalten lassen. Guten Appetit!

## *Quark Pudding mit Erdbeerhaube*

Zutaten
Quark Pudding
500 g Quark
50 g Sahne
80 g Zucker
1 Pck. Vanille Zucker
½ MB Bindobin

Erdbeerhaube
400 g Erdbeeren
60 g Zucker
½ MB Bindobin

Sprühsahne

Zubereitung
Alle Zutaten für den Quark Pudding in den Mixtopf geben und auf Stufe 5 / 20 Sekunden mischen. Umfüllen und den Topf säubern. Nun die Zutaten für die Erdbeerhaube in den Topf geben und auf Stufe 10 / 20 Sekunden mischen. Das Dessert schichten, etwas Sahne aufsprühen und genießen.

## *Eierlikör Pudding*

Zutaten
300 g Milch
200 g Sahne
100 g Eierlikör
Mark einer Vanille Schote
43 g Speisestärke
10 g Butter
80 g Zucker

Zubereitung
Alle Zutaten in den Mixtopf geben. Auf Stufe 10 / 5 Sekunden mischen. Auf Stufe 2 / 100 Grad / 8 Minuten kochen. Umfüllen und erkalten lassen. Mit Obst oder Müsli dekorieren. Guten Appetit!

## *Orangen Pudding*

Zutaten
100 g Orangen, geschält
200 g Buttermilch
300 g Milch
1 Pck. Vanille Zucker
42 g Speisestärke
10 g Butter
80 g Zucker

Zubereitung
Zuerst das Obst in den Mixtopf geben. Auf Stufe 10 / 5 Sekunden zerkleinern. Nun die übrigen Zutaten hinzugeben. Nochmals auf Stufe 10 / 5 Sekunden zerkleinern. Auf Stufe 2 / 100 Grad / 8 Minuten kochen. Umfüllen und erkalten lassen. Guten Appetit!

### *Veganer Mandel Pudding*

Zutaten
100 g Mandeln
500 g Mandelmilch
1 Pck. Vanille Zucker
38 g Speisestärke
20 g Pflanzenöl
60 g Honig

Zubereitung

Zuerst die Mandeln in den Mixtopf geben. Auf Stufe 10 / 30 Sekunden zerkleinern. Nun die übrigen Zutaten hinzugeben. Nochmals auf Stufe 10 / 5 Sekunden zerkleinern. Auf Stufe 2 / 100 Grad / 8 Minuten kochen. Umfüllen und erkalten lassen. Guten Appetit!

## *Erdbeer Pudding*

Zutaten
100 g Erdbeeren
500 g Milch
5 g Balsamico
1 Pck. Vanille Zucker
42 g Speisestärke
10 g Butter
80 g Zucker

Zubereitung
Zuerst das Obst in den Mixtopf geben. Auf Stufe 10 / 5 Sekunden zerkleinern. Nun die übrigen Zutaten hinzugeben. Nochmals auf Stufe 10 / 5 Sekunden zerkleinern. Auf Stufe 2 / 100 Grad / 8 Minuten kochen. Umfüllen und erkalten lassen. Guten Appetit!

## *Schoko Bananen Pudding*

Zutaten
100 g Bananen in Stücken
40 g Kakao
200 g Sahne
300 g Milch
1 Pck. Vanille Zucker
42 g Speisestärke
10 g Butter
80 g Zucker

Zubereitung
Zuerst das Obst in den Mixtopf geben. Auf Stufe 10 / 5 Sekunden zerkleinern. Nun die übrigen Zutaten hinzugeben. Nochmals auf Stufe 10 / 5 Sekunden zerkleinern. Auf Stufe 2 / 100 Grad / 8 Minuten kochen. Umfüllen und erkalten lassen. Guten Appetit!

## *Erdnussbutter Mango Pudding*

Zutaten
100 g Mango, geschält
100 g Sahne
400 g Milch
1 Pck. Vanille Zucker
42 g Speisestärke
50 g Erdnussbutter
80 g Zucker

Zubereitung
Zuerst das Obst und die Erdnussbutter in den Mixtopf geben. Auf Stufe 10 / 5 Sekunden zerkleinern. Nun die übrigen Zutaten hinzugeben. Nochmals auf Stufe 10 / 5 Sekunden zerkleinern. Auf Stufe 2 / 100 Grad / 8 Minuten kochen. Umfüllen und erkalten lassen. Guten Appetit!

## *Kokos Rum Pudding*

Zutaten
100 g Kokosraspeln
500 ml Kokosmilch
50 g Rum
1 Pck. Vanille Zucker
42 g Speisestärke
10 g Butter
80 g Zucker

Zubereitung
Zuerst die Kokosraspeln in den Mixtopf geben. Auf Stufe 10 / 5 Sekunden zerkleinern. Nun die übrigen Zutaten hinzugeben. Nochmals auf Stufe 10 / 5 Sekunden zerkleinern. Auf Stufe 2 / 100 Grad / 8 Minuten kochen. Umfüllen und erkalten lassen. Guten Appetit!

## *Mohn Pudding*

Zutaten
300 g Milch
200 g Sahne
30 g Mohn
50 g Rosinen
Mark einer Vanille Schote
35 g Speisestärke
10 g Butter
80 g Zucker

Zubereitung
Alle Zutaten in den Mixtopf geben. Auf Stufe 10 / 5 Sekunden mischen. Auf Stufe 2 / 100 Grad / 8 Minuten kochen. Umfüllen und erkalten lassen. Mit Obst oder Müsli dekorieren. Guten Appetit!

## *Himbeer Pudding*

Zutaten
100 g Himbeeren
200 g Buttermilch
300 g Milch
1 Pck. Vanille Zucker
42 g Speisestärke
10 g Butter
80 g Zucker

Zubereitung
Zuerst das Obst in den Mixtopf geben. Auf Stufe 10 / 5 Sekunden zerkleinern. Nun die übrigen Zutaten hinzugeben. Nochmals auf Stufe 10 / 5 Sekunden zerkleinern. Auf Stufe 2 / 100 Grad / 8 Minuten kochen. Umfüllen und erkalten lassen. Guten Appetit!

## *Milchkaffee Traum*

Zutaten
2 EL Instantkaffee
500 g Milch
1 Pck. Vanille Zucker
35 g Speisestärke
10 g Butter
80 g Zucker

200 g geschlagene Sahne

Zubereitung
Alle Zutaten außer der geschlagenen Sahne in den Mixtopf geben. Auf Stufe 2 / 100 Grad / 8 Minuten kochen. Umfüllen und erkalten lassen.
Mit der Sahne garnieren.
Guten Appetit!

## *Honig Tee Pudding*

Zutaten
100 g Schwarztee
200 g Sahne
200 g Milch
1 Pck. Vanille Zucker
42 g Speisestärke
10 g Butter
80 g Honig

Zubereitung
Alle Zutaten in den Mixtopf einwiegen. Auf Stufe 2 / 100 Grad / 8 Minuten kochen. Umfüllen und erkalten lassen.
Guten Appetit

## *Multivitamin Pudding*

Zutaten
300 g Multivitamin Saft
200 g Sahne
1 EL abgeriebene Schale einer
Bio Zitrone
40 g Speisestärke
50 g Zucker

Zubereitung
Alle Zutaten in den Mixtopf geben. Auf Stufe 10 / 5 Sekunden mischen. Auf Stufe 2 / 100 Grad / 8 Minuten kochen. Umfüllen und erkalten lassen. Mit Obst oder Müsli dekorieren. Guten Appetit!

## *Marzipan Pudding*

Zutaten
100 g Marzipanrohmasse
1 Fläschchen Bittermandelaroma
200 g Sahne
300 g Milch
1 Pck. Vanille Zucker
38 g Speisestärke
10 g Butter
80 g Zucker

Zubereitung
Zuerst das Marzipan in den Mixtopf geben. Auf Stufe 10 / 5 Sekunden zerkleinern. Nun die übrigen Zutaten hinzugeben. Nochmals auf Stufe 10 / 5 Sekunden zerkleinern. Auf Stufe 2 / 100 Grad / 8 Minuten kochen. Umfüllen und erkalten lassen. Guten Appetit!
en Appetit!

### *Kokosmilch Pudding mit Himbeeren*

Zutaten
500 g Kokosmilch
1 Pck. Vanille Zucker
42 g Speisestärke
80 g Zucker

Dekoration
150 g Himbeeren in etwas Zucker wälzen

Zubereitung
Alle Zutaten außer den Himbeeren hinzugeben. Nochmals auf Stufe 10 / 5 Sekunden mischen. Auf Stufe 2 / 100 Grad / 8 Minuten kochen. Umfüllen und erkalten lassen. Mit den Himbeere dekorieren. Guten Appetit!

### *Zimt Apfel Pudding*

Zutaten
100 g Äpfel in Stücken
400 g Milch
100 g Sahne
½ TL Zimt
1 Pck. Vanille Zucker
42 g Speisestärke
10 g Butter
80 g Zucker

Zubereitung

Zuerst das Obst in den Mixtopf geben. Auf Stufe 10 / 5 Sekunden zerkleinern. Nun die übrigen Zutaten hinzugeben. Nochmals auf Stufe 10 / 5 Sekunden zerkleinern. Auf Stufe 2 / 100 Grad / 8 Minuten kochen. Umfüllen und erkalten lassen. Eventuell mit Zimtzucker bestreuen. Guten Appetit!

## Lebkuchen Pudding

Zutaten
300 g Milch
200 g Sahne
1 TL Lebkuchen Gewürz
!/2 TL Zimt
1 EL Kakao
Mark einer Vanille Schote
35 g Speisestärke
10 g Butter
80 g Zucker

Zubereitung
Alle Zutaten in den Mixtopf geben. Auf Stufe 10 / 5 Sekunden mischen. Auf Stufe 2 / 100 Grad / 8 Minuten kochen. Umfüllen und erkalten lassen. Mit Obst oder Müsli dekorieren. Guten Appetit!

### *Vanille Macarons*

Zutaten
Macaronschalenteig
125 g gemahlene weiße Mandeln
150 g Puderzucker
100 g Zucker, fein
4 Eiweiße

Füllung
250 g Butter
Mark einer Vanilleschote
140 g Puderzucker
160 g Mandeln


Zubereitung
Wir beginnen mit den Macaronschalen.
Mandeln und Puderzucker in den Mixtopf geben und nochmals auf Stufe 10/ 15 Sekunden mahlen. In eine Schüssel umfüllen.
Den Topf reinigen. Den Schmetterling einsetzen und das Eiweiß einfüllen. Auf Stufe 4/ ca. 2 Minuten steif schlagen. Den Schmetterling entfernen. Nun die übrigen Teigzutaten hinzugeben. Wer mag, kann noch ein paar Tropfen Lebensmittelfarbe hinzugeben. Auf Stufe 2/ 15 Sekunden rühren. Die Masse in einem Spritzbeutel umfüllen. Ein Backblech mit Backpapier belegen. Die Masse portionsweise mit dem Spritzbeutel auf das Blech setzen. Die Masse bei 150 Grad Umluft ca. 15 Minuten backen. Die Schalen abkühlen lassen.
Füllung

Alle Zutaten für die Füllung in den sauberen Mixtopf geben. Auf Stufe 5/ 30 Sekunden schlagen. Man braucht eine Macaronschale als Oberteil und eine als Unterteil. Die Schalen mit der Masse füllen und kaltstellen.

### *Erdbeere Macarons*

Zutaten
Macaronschalenteig
125 g gemahlene weiße Mandeln
150 g Puderzucker
100 g Zucker, fein
4 Eiweiße

Füllung
250 g Butter
40 g Erdbeermarmelade
140 g Puderzucker
160 g Mandeln


Zubereitung
Wir beginnen mit den Macaronschalen.
Mandeln und Puderzucker in den Mixtopf geben und nochmals auf Stufe 10/ 15 Sekunden mahlen. In eine Schüssel umfüllen.
Den Topf reinigen. Den Schmetterling einsetzen und das Eiweiß einfüllen. Auf Stufe 4/ ca. 2 Minuten steif schlagen. Den Schmetterling entfernen. Nun die übrigen Teigzutaten hinzugeben. Wer mag, kann noch ein paar Tropfen Lebensmittelfarbe hinzugeben. Auf Stufe 2/ 15 Sekunden rühren. Die Masse in einem Spritzbeutel umfüllen. Ein Backblech mit Backpapier belegen. Die Masse portionsweise mit dem Spritzbeutel auf das Blech setzen. Die Masse bei 150 Grad Umluft ca. 15 Minuten backen. Die Schalen abkühlen lassen.

Füllung

Alle Zutaten für die Füllung in den sauberen Mixtopf geben. Auf Stufe 5/ 30 Sekunden schlagen. Man braucht eine Macaronschale als Oberteil und eine als Unterteil. Die Schalen mit der Masse füllen und kaltstellen.

### Pistazien Macarons

Zutaten
Macaronschalenteig
125 g gemahlene weiße Mandeln
150 g Puderzucker
100 g Zucker, fein
4 Eiweiße

Füllung
250 g Butter
140 g Puderzucker
160 g Pistazien gemahlen


Zubereitung
Wir beginnen mit den Macaronschalen.
Mandeln und Puderzucker in den Mixtopf geben und nochmals auf Stufe 10/ 15 Sekunden mahlen. In eine Schüssel umfüllen.
Den Topf reinigen. Den Schmetterling einsetzen und das Eiweiß einfüllen. Auf Stufe 4/ ca. 2 Minuten steif schlagen. Den Schmetterling entfernen. Nun die übrigen Teigzutaten hinzugeben. Wer mag, kann noch ein paar Tropfen Lebensmittelfarbe hinzugeben. Auf Stufe 2/ 15 Sekunden rühren. Die Masse in einem Spritzbeutel umfüllen. Ein Backblech mit Backpapier belegen. Die Masse portionsweise mit dem Spritzbeutel auf das Blech setzen. Die Masse bei 150 Grad Umluft ca. 15 Minuten backen. Die Schalen abkühlen lassen.

Füllung
Alle Zutaten für die Füllung in den sauberen Mixtopf geben. Auf Stufe 5/ 30 Sekunden schlagen. Man braucht eine Macaronschale als Oberteil und eine als Unterteil. Die Schalen mit der Masse füllen und kaltstellen.

## *Amaretto Macarons*

Zutaten
Macaronschalenteig
125 g gemahlene weiße Mandeln
150 g Puderzucker
100 g Zucker, fein
4 Eiweiße

Füllung
250 g Butter
3 EL Amaretto
140 g Puderzucker
160 g Mandeln


Zubereitung
Wir beginnen mit den Macaronschalen.
Mandeln und Puderzucker in den Mixtopf geben und nochmals auf Stufe 10/ 15 Sekunden mahlen. In eine Schüssel umfüllen.
Den Topf reinigen. Den Schmetterling einsetzen und das Eiweiß einfüllen. Auf Stufe 4/ ca. 2 Minuten steif schlagen. Den Schmetterling entfernen. Nun die übrigen Teigzutaten hinzugeben. Wer mag, kann noch ein paar Tropfen Lebensmittelfarbe hinzugeben. Auf Stufe 2/ 15 Sekunden rühren. Die Masse in einem Spritzbeutel umfüllen. Ein Backblech mit Backpapier belegen. Die Masse portionsweise mit dem Spritzbeutel auf das Blech

setzen. Die Masse bei 150 Grad Umluft ca. 15 Minuten backen. Die Schalen abkühlen lassen.

Füllung
Alle Zutaten für die Füllung in den sauberen Mixtopf geben. Auf Stufe 5/ 30 Sekunden schlagen. Man braucht eine Macaronschale als Oberteil und eine als Unterteil. Die Schalen mit der Masse füllen und kaltstellen.

## *Schoko Macarons*

Zutaten
Macaronschalenteig
125 g gemahlene weiße Mandeln
150 g Puderzucker
1 EL Kakao
100 g Zucker, fein
4 Eiweiße

Füllung
250 g Butter
Mark einer Vanilleschote
140 g Puderzucker
160 g Mandeln
1 EL Kakao


Zubereitung
Wir beginnen mit den Macaronschalen.
Mandeln, Kakao und Puderzucker in den Mixtopf geben und nochmals auf Stufe 10/ 15 Sekunden mahlen. In eine Schüssel umfüllen.
Den Topf reinigen. Den Schmetterling einsetzen und das Eiweiß einfüllen. Auf Stufe 4/ ca. 2 Minuten steif schlagen. Den Schmetterling entfernen. Nun die übrigen Teigzutaten hinzugeben. Wer mag, kann noch ein paar Tropfen Lebensmittelfarbe hinzugeben. Auf Stufe 2/ 15 Sekunden rühren. Die Masse in einem Spritzbeutel umfüllen. Ein Backblech mit Backpapier belegen. Die Masse portionsweise mit dem Spritzbeutel auf das Blech setzen. Die Masse bei 150 Grad Umluft ca. 15 Minuten backen. Die Schalen abkühlen lassen.

Füllung
Alle Zutaten für die Füllung in den sauberen Mixtopf geben. Auf Stufe 5/ 30 Sekunden schlagen. Man braucht eine Macaronschale als Oberteil und eine als Unterteil. Die Schalen mit der Masse füllen und kaltstellen.

## *Lebkuchen Macarons*

Zutaten
Macaronschalenteig
125 g gemahlene weiße Mandeln
150 g Puderzucker
100 g Zucker, fein
4 Eiweiße
1 TL Backkakao
1 TL Lebkuchengewürz

Füllung
250 g Butter
Mark einer Vanilleschote
140 g Puderzucker
1 gehäufter TL Lebkuchengewürz
160 g Mandeln


Zubereitung
Wir beginnen mit den Macaronschalen.
Mandeln und Puderzucker in den Mixtopf geben und nochmals auf Stufe 10/ 15 Sekunden mahlen. In eine Schüssel umfüllen.
Den Topf reinigen. Den Schmetterling einsetzen und das Eiweiß einfüllen. Auf Stufe 4/ ca. 2 Minuten steif schlagen. Den Schmetterling entfernen. Nun die übrigen Teigzutaten hinzugeben. Wer mag, kann noch ein paar Tropfen Lebensmittelfarbe hinzugeben. Auf Stufe 2/ 15 Sekunden rühren. Die Masse in einem Spritzbeutel umfüllen. Ein Backblech mit Backpapier belegen. Die Masse portionsweise mit dem Spritzbeutel auf das Blech

setzen. Die Masse bei 150 Grad Umluft ca. 15 Minuten backen. Die Schalen abkühlen lassen.
Füllung
Alle Zutaten für die Füllung in den sauberen Mixtopf geben. Auf Stufe 5/ 30 Sekunden schlagen. Man braucht eine Macaronschale als Oberteil und eine als Unterteil. Die Schalen mit der Masse füllen und kaltstellen.

### *Orangen Macarons*

Zutaten
Macaronschalenteig
125 g gemahlene weiße Mandeln
150 g Puderzucker
100 g Zucker, fein
4 Eiweiße
20 g fein geriebene Orangenschale

Füllung
250 g Butter
20 g fein geriebene Orangenschale
40 g Orangenmarmelade
140 g Puderzucker
160 g Mandeln


Zubereitung
Wir beginnen mit den Macaronschalen.
Mandeln und Puderzucker in den Mixtopf geben und nochmals auf Stufe 10/ 15 Sekunden mahlen. In eine Schüssel umfüllen.
Den Topf reinigen. Den Schmetterling einsetzen und das Eiweiß einfüllen. Auf Stufe 4/ ca. 2 Minuten steif schlagen. Den Schmetterling entfernen. Nun die übrigen Teigzutaten hinzugeben. Wer mag, kann noch ein paar Tropfen Lebensmittelfarbe hinzugeben. Auf Stufe 2/ 15 Sekunden rühren. Die Masse in einem Spritzbeutel umfüllen. Ein Backblech mit Backpapier belegen. Die Masse portionsweise mit dem Spritzbeutel auf das Blech setzen. Die Masse bei 150 Grad Umluft ca. 15 Minuten backen. Die Schalen abkühlen lassen.

Füllung
Alle Zutaten für die Füllung in den sauberen Mixtopf geben. Auf Stufe 5/ 30 Sekunden schlagen. Man braucht eine Macaronschale als Oberteil und eine als Unterteil. Die Schalen mit der Masse füllen und kaltstellen.

## *Zitronen Macarons*

Zutaten
Macaronschalenteig
125 g gemahlene weiße Mandeln
150 g Puderzucker
100 g Zucker, fein
4 Eiweiße
1 TL fein geriebene Zitronenschale

Füllung
250 g Butter
50 g Zitronenmarmelade
140 g Puderzucker
160 g Mandeln


Zubereitung
Wir beginnen mit den Macaronschalen.
Mandeln und Puderzucker in den Mixtopf geben und nochmals auf Stufe 10/ 15 Sekunden mahlen. In eine Schüssel umfüllen.
Den Topf reinigen. Den Schmetterling einsetzen und das Eiweiß einfüllen. Auf Stufe 4/ ca. 2 Minuten steif schlagen. Den Schmetterling entfernen. Nun die übrigen Teigzutaten hinzugeben. Wer mag, kann noch ein paar Tropfen Lebensmittelfarbe hinzugeben. Auf Stufe 2/ 15 Sekunden rühren. Die Masse in einem Spritzbeutel umfüllen. Ein Backblech mit Backpapier belegen. Die Masse portionsweise mit dem Spritzbeutel auf das Blech setzen. Die Masse bei 150 Grad Umluft ca. 15 Minuten backen. Die Schalen abkühlen lassen.

Füllung
Alle Zutaten für die Füllung in den sauberen Mixtopf geben. Auf Stufe 5/ 30 Sekunden schlagen. Man braucht eine Macaronschale als Oberteil und eine als Unterteil. Die Schalen mit der Masse füllen und kaltstellen.

## Rum Macarons

Zutaten
Macaronschalenteig
125 g gemahlene weiße Mandeln
150 g Puderzucker
100 g Zucker, fein
4 Eiweiße


Füllung
250 g Butter
2 EL Rum
140 g Puderzucker
160 g Mandeln


Zubereitung
Wir beginnen mit den Macaronschalen.
Mandeln und Puderzucker in den Mixtopf geben und nochmals auf Stufe 10/ 15 Sekunden mahlen. In eine Schüssel umfüllen.
Den Topf reinigen. Den Schmetterling einsetzen und das Eiweiß einfüllen. Auf Stufe 4/ ca. 2 Minuten steif schlagen. Den Schmetterling entfernen. Nun die übrigen Teigzutaten hinzugeben. Wer mag, kann noch ein paar Tropfen Lebensmittelfarbe hinzugeben. Auf Stufe 2/ 15 Sekunden rühren. Die Masse in einem Spritzbeutel umfüllen. Ein Backblech mit Backpapier belegen. Die Masse portionsweise mit dem Spritzbeutel auf das Blech setzen. Die Masse bei 150 Grad Umluft ca. 15 Minuten backen. Die Schalen abkühlen lassen.
Füllung

Alle Zutaten für die Füllung in den sauberen Mixtopf geben. Auf Stufe 5/ 30 Sekunden schlagen. Man braucht eine Macaronschale als Oberteil und eine als Unterteil. Die Schalen mit der Masse füllen und kaltstellen.

### Kirsch Macarons

Zutaten
Macaronschalenteig
125 g gemahlene weiße Mandeln
150 g Puderzucker
100 g Zucker, fein
4 Eiweiße

Füllung
250 g Butter
50 g Kirschmarmelade
20 g Himbeergeist
140 g Puderzucker
160 g Mandeln


Zubereitung
Wir beginnen mit den Macaronschalen.
Mandeln und Puderzucker in den Mixtopf geben und nochmals auf Stufe 10/ 15 Sekunden mahlen. In eine Schüssel umfüllen.
Den Topf reinigen. Den Schmetterling einsetzen und das Eiweiß einfüllen. Auf Stufe 4/ ca. 2 Minuten steif schlagen. Den Schmetterling entfernen. Nun die übrigen Teigzutaten hinzugeben. Wer mag, kann noch ein paar Tropfen Lebensmittelfarbe hinzugeben. Auf Stufe 2/ 15 Sekunden rühren. Die Masse in einem Spritzbeutel umfüllen. Ein Backblech mit Backpapier belegen. Die Masse portionsweise mit dem Spritzbeutel auf das Blech setzen. Die Masse bei 150 Grad Umluft ca. 15 Minuten backen. Die Schalen abkühlen lassen.

Füllung
Alle Zutaten für die Füllung in den sauberen Mixtopf geben. Auf Stufe 5/ 30 Sekunden schlagen. Man braucht eine Macaronschale als Oberteil und eine als Unterteil. Die Schalen mit der Masse füllen und kaltstellen.

## *Bananen Macarons*

Zutaten
Macaronschalenteig
125 g gemahlene weiße Mandeln
150 g Puderzucker
100 g Zucker, fein
4 Eiweiße

Füllung
250 g Butter
1 zerdrückte Banane
Mark einer Vanilleschote
140 g Puderzucker
160 g Mandeln


Zubereitung
Wir beginnen mit den Macaronschalen.
Mandeln und Puderzucker in den Mixtopf geben und nochmals auf Stufe 10/ 15 Sekunden mahlen. In eine Schüssel umfüllen.
Den Topf reinigen. Den Schmetterling einsetzen und das Eiweiß einfüllen. Auf Stufe 4/ ca. 2 Minuten steif schlagen. Den Schmetterling entfernen. Nun die übrigen Teigzutaten hinzugeben. Wer mag, kann noch ein paar Tropfen Lebensmittelfarbe hinzugeben. Auf Stufe 2/ 15 Sekunden rühren. Die Masse in einem Spritzbeutel umfüllen. Ein Backblech mit Backpapier belegen. Die Masse portionsweise mit dem Spritzbeutel auf das Blech

setzen. Die Masse bei 150 Grad Umluft ca. 15 Minuten backen. Die Schalen abkühlen lassen.

Füllung

Alle Zutaten für die Füllung in den sauberen Mixtopf geben. Auf Stufe 5/ 30 Sekunden schlagen. Man braucht eine Macaronschale als Oberteil und eine als Unterteil. Die Schalen mit der Masse füllen und kaltstellen.

## Kokos Macarons

Zutaten
Macaronschalenteig
125 g gemahlene weiße Mandeln
150 g Puderzucker
100 g Zucker, fein
4 Eiweiße

Füllung
250 g Butter
Mark einer Vanilleschote
140 g Puderzucker
160 g Kokosraspeln
50 g weiße geraspelte Schokolade


Zubereitung
Wir beginnen mit den Macaronschalen.
Mandeln und Puderzucker in den Mixtopf geben und nochmals auf Stufe 10/ 15 Sekunden mahlen. In eine Schüssel umfüllen.
Den Topf reinigen. Den Schmetterling einsetzen und das Eiweiß einfüllen. Auf Stufe 4/ ca. 2 Minuten steif schlagen. Den Schmetterling entfernen. Nun die übrigen Teigzutaten hinzugeben. Wer mag, kann noch ein paar Tropfen Lebensmittelfarbe hinzugeben. Auf Stufe 2/ 15 Sekunden rühren. Die Masse in einem Spritzbeutel umfüllen. Ein Backblech mit Backpapier belegen. Die Masse portionsweise mit dem Spritzbeutel auf das Blech setzen. Die Masse bei 150 Grad Umluft ca. 15 Minuten backen. Die Schalen abkühlen lassen.
Füllung

Alle Zutaten für die Füllung in den sauberen Mixtopf geben. Auf Stufe 5/ 30 Sekunden schlagen. Man braucht eine Macaronschale als Oberteil und eine als Unterteil. Die Schalen mit der Masse füllen und kaltstellen.

## *Macadamia Macarons*

Zutaten
Macaronschalenteig
125 g gemahlene weiße Mandeln
150 g Puderzucker
100 g Zucker, fein
4 Eiweiße

Füllung
250 g Butter
Mark einer Vanilleschote
140 g Puderzucker
160 g Macadamia gemahlen


Zubereitung
Wir beginnen mit den Macaronschalen.
Mandeln und Puderzucker in den Mixtopf geben und nochmals auf Stufe 10/ 15 Sekunden mahlen. In eine Schüssel umfüllen.
Den Topf reinigen. Den Schmetterling einsetzen und das Eiweiß einfüllen. Auf Stufe 4/ ca. 2 Minuten steif schlagen. Den Schmetterling entfernen. Nun die übrigen Teigzutaten hinzugeben. Wer mag, kann noch ein paar Tropfen Lebensmittelfarbe hinzugeben. Auf Stufe 2/ 15 Sekunden rühren. Die Masse in einem Spritzbeutel umfüllen. Ein Backblech mit Backpapier belegen. Die Masse portionsweise mit dem Spritzbeutel auf das Blech setzen. Die Masse bei 150 Grad Umluft ca. 15 Minuten backen. Die Schalen abkühlen lassen.

Füllung
Alle Zutaten für die Füllung in den sauberen Mixtopf geben. Auf Stufe 5/ 30 Sekunden schlagen. Man braucht eine Macaronschale als Oberteil und eine als Unterteil. Die Schalen mit der Masse füllen und kaltstellen.

### White Chocolate Macarons

Zutaten
Macaronschalenteig
125 g gemahlene weiße Mandeln
150 g Puderzucker
100 g Zucker, fein
4 Eiweiße

Füllung
250 g Butter
Mark einer Vanilleschote
140 g Puderzucker
160 g weiße Schokolade gehackt


Zubereitung
Wir beginnen mit den Macaronschalen.
Mandeln und Puderzucker in den Mixtopf geben und nochmals auf Stufe 10/ 15 Sekunden mahlen. In eine Schüssel umfüllen.
Den Topf reinigen. Den Schmetterling einsetzen und das Eiweiß einfüllen. Auf Stufe 4/ ca. 2 Minuten steif schlagen. Den Schmetterling entfernen. Nun die übrigen Teigzutaten hinzugeben. Wer mag, kann noch ein paar Tropfen Lebensmittelfarbe hinzugeben. Auf Stufe 2/ 15 Sekunden rühren. Die Masse in einem Spritzbeutel umfüllen. Ein Backblech mit Backpapier belegen. Die Masse portionsweise mit dem Spritzbeutel auf das Blech

setzen. Die Masse bei 150 Grad Umluft ca. 15 Minuten backen. Die Schalen abkühlen lassen.

Füllung

Alle Zutaten für die Füllung in den sauberen Mixtopf geben. Auf Stufe 5/ 30 Sekunden schlagen. Man braucht eine Macaronschale als Oberteil und eine als Unterteil. Die Schalen mit der Masse füllen und kaltstellen.

### *Heidelbeere Macarons*

Zutaten
Macaronschalenteig
125 g gemahlene weiße Mandeln
150 g Puderzucker
100 g Zucker, fein
4 Eiweiße

Füllung
250 g Butter
Mark einer Vanilleschote
140 g Puderzucker
50 g Heidelbeermarmelade
1 Prise Zimt
160 g Mandeln gemahlen


Zubereitung
Wir beginnen mit den Macaronschalen.
Mandeln und Puderzucker in den Mixtopf geben und nochmals auf Stufe 10/ 15 Sekunden mahlen. In eine Schüssel umfüllen.
Den Topf reinigen. Den Schmetterling einsetzen und das Eiweiß einfüllen. Auf Stufe 4/ ca. 2 Minuten steif schlagen. Den Schmetterling entfernen. Nun die übrigen Teigzutaten hinzugeben. Wer mag, kann noch ein paar Tropfen Lebensmittelfarbe hinzugeben. Auf Stufe 2/ 15 Sekunden rühren. Die Masse in einem Spritzbeutel umfüllen. Ein Backblech mit Backpapier belegen. Die Masse portionsweise mit dem Spritzbeutel auf das Blech

setzen. Die Masse bei 150 Grad Umluft ca. 15 Minuten backen. Die Schalen abkühlen lassen.

Füllung

Alle Zutaten für die Füllung in den sauberen Mixtopf geben. Auf Stufe 5/ 30 Sekunden schlagen. Man braucht eine Macaronschale als Oberteil und eine als Unterteil. Die Schalen mit der Masse füllen und kaltstellen.

## *Matcha Macarons*

Zutaten
Macaronschalenteig
125 g gemahlene weiße Mandeln
150 g Puderzucker
100 g Zucker, fein
4 Eiweiße
1 TL Matchapulver

Füllung
100 g gehackte weiße Schokolade
50 g Sahne
50 g gehackte Pistazien


Zubereitung
Wir beginnen mit den Macaronschalen.
Mandeln und Puderzucker in den Mixtopf geben und nochmals auf Stufe 10/ 15 Sekunden mahlen. In eine Schüssel umfüllen.
Den Topf reinigen. Den Schmetterling einsetzen und das Eiweiß einfüllen. Auf Stufe 4/ ca. 2 Minuten steif schlagen. Den Schmetterling entfernen. Nun die übrigen Teigzutaten hinzugeben. Wer mag, kann noch ein paar Tropfen Lebensmittelfarbe hinzugeben. Auf Stufe 2/ 15 Sekunden rühren. Die Masse in einem Spritzbeutel umfüllen. Ein Backblech mit Backpapier belegen. Die Masse portionsweise mit dem Spritzbeutel auf das Blech setzen. Die Masse bei 150 Grad Umluft ca. 15 Minuten backen. Die Schalen abkühlen lassen.
Füllung

Alle Zutaten für die Füllung in den sauberen Mixtopf geben. Auf Stufe 5/ 30 Sekunden mischen. Alles bei 90 Grad/ Stufe 2/ 6 Minuten erwärmen. Die Masse 1 Stunde kaltstellen. Man braucht eine Macaronschale als Oberteil und eine als Unterteil. Die Schalen mit der Masse füllen und kaltstellen.

## *Pfefferminz Macarons*

Zutaten
Macaronschalenteig
125 g gemahlene weiße Mandeln
150 g Puderzucker
100 g Zucker, fein
4 Eiweiße
1 TL Pfefferminzblätter
(kurz im Thermomix auf Stufe
10/ 5 Sekunden mahlen)

Füllung
100 g gehackte weiße Schokolade
50 g Sahne
50 g gehackte Pistazien
1 TL Pfefferminzblätter wie
oben beschrieben mahlen


Zubereitung
Wir beginnen mit den Macaronschalen.
Mandeln und Puderzucker in den Mixtopf geben und nochmals auf Stufe 10/ 15 Sekunden mahlen. In eine Schüssel umfüllen.
Den Topf reinigen. Den Schmetterling einsetzen und das Eiweiß einfüllen. Auf Stufe 4/ ca. 2 Minuten steif schlagen. Den Schmetterling entfernen. Nun die übrigen Teigzutaten hinzugeben. Wer mag, kann noch ein paar Tropfen Lebensmittelfarbe hinzugeben. Auf Stufe 2/ 15 Sekunden rühren. Die Masse in einem Spritzbeutel umfüllen. Ein Backblech mit Backpapier belegen. Die Masse portionsweise mit dem Spritzbeutel auf das Blech

setzen. Die Masse bei 150 Grad Umluft ca. 15 Minuten backen. Die Schalen abkühlen lassen.

Füllung

Alle Zutaten für die Füllung in den sauberen Mixtopf geben. Auf Stufe 5/ 30 Sekunden mischen. Alles bei 90 Grad/ Stufe 2/ 6 Minuten erwärmen. Die Masse 1 Stunde kaltstellen. Man braucht eine Macaronschale als Oberteil und eine als Unterteil. Die Schalen mit der Masse füllen und kaltstellen.

## *Zimt Macarons*

Zutaten
Macaronschalenteig
125 g gemahlene weiße Mandeln
150 g Puderzucker
100 g Zucker, fein
4 Eiweiße
1/2 TL Zimt

Füllung
100 g gehackte weiße Schokolade
50 g Sahne
50 g gehackte Haselnüsse
½ TL Zimt


Zubereitung
Wir beginnen mit den Macaronschalen.
Mandeln und Puderzucker in den Mixtopf geben und nochmals auf Stufe 10/ 15 Sekunden mahlen. In eine Schüssel umfüllen.
Den Topf reinigen. Den Schmetterling einsetzen und das Eiweiß einfüllen. Auf Stufe 4/ ca. 2 Minuten steif schlagen. Den Schmetterling entfernen. Nun die übrigen Teigzutaten hinzugeben. Wer mag, kann noch ein paar Tropfen Lebensmittelfarbe hinzugeben. Auf Stufe 2/ 15 Sekunden rühren. Die Masse in einem Spritzbeutel umfüllen. Ein Backblech mit Backpapier belegen. Die Masse portionsweise mit dem Spritzbeutel auf das Blech setzen. Die Masse bei 150 Grad Umluft ca. 15 Minuten backen. Die Schalen abkühlen lassen.
Füllung

Alle Zutaten für die Füllung in den sauberen Mixtopf geben. Auf Stufe 5/ 30 Sekunden mischen. Alles bei 90 Grad/ Stufe 2/ 6 Minuten erwärmen. Die Masse 1 Stunde kaltstellen. Man braucht eine Macaronschale als Oberteil und eine als Unterteil. Die Schalen mit der Masse füllen und kaltstellen.

## Double Chocolate Macarons

Zutaten
Macaronschalenteig
125 g gemahlene weiße Mandeln
150 g Puderzucker
100 g Zucker, fein
4 Eiweiße
1 TL Backkakao

Füllung
50 g gehackte weiße Schokolade
50 g gehackte dunkle Schokolade
50 g Sahne
50 g gehackte Mandeln


Zubereitung
Wir beginnen mit den Macaronschalen.
Mandeln und Puderzucker in den Mixtopf geben und nochmals auf Stufe 10/ 15 Sekunden mahlen. In eine Schüssel umfüllen.
Den Topf reinigen. Den Schmetterling einsetzen und das Eiweiß einfüllen. Auf Stufe 4/ ca. 2 Minuten steif schlagen. Den Schmetterling entfernen. Nun die übrigen Teigzutaten hinzugeben. Wer mag, kann noch ein paar Tropfen Lebensmittelfarbe hinzugeben. Auf Stufe 2/ 15 Sekunden rühren. Die Masse in einem Spritzbeutel umfüllen. Ein Backblech mit Backpapier belegen. Die Masse portionsweise mit dem Spritzbeutel auf das Blech setzen. Die Masse bei 150 Grad Umluft ca. 15 Minuten backen. Die Schalen abkühlen lassen.
Füllung

Alle Zutaten für die Füllung in den sauberen Mixtopf geben. Auf Stufe 5/ 30 Sekunden mischen. Alles bei 90 Grad/ Stufe 2/ 6 Minuten erwärmen. Die Masse 1 Stunde kaltstellen. Man braucht eine Macaronschale als Oberteil und eine als Unterteil. Die Schalen mit der Masse füllen und kaltstellen.

## *Schokoladen Minze Macarons*

Zutaten
Macaronschalenteig
125 g gemahlene weiße Mandeln
150 g Puderzucker
100 g Zucker, fein
4 Eiweiße
1 TL Pfefferminzblätter
gemahlen

Füllung
100 g gehackte Vollmilch Schokolade
50 g Sahne
50 g gehackte Pistazien


Zubereitung
Wir beginnen mit den Macaronschalen.
Mandeln und Puderzucker in den Mixtopf geben und nochmals auf Stufe 10/ 15 Sekunden mahlen. In eine Schüssel umfüllen.
Den Topf reinigen. Den Schmetterling einsetzen und das Eiweiß einfüllen. Auf Stufe 4/ ca. 2 Minuten steif schlagen. Den Schmetterling entfernen. Nun die übrigen Teigzutaten hinzugeben. Wer mag, kann noch ein paar Tropfen Lebensmittelfarbe hinzugeben. Auf Stufe 2/ 15 Sekunden rühren. Die Masse in einem Spritzbeutel umfüllen. Ein Backblech mit Backpapier belegen. Die Masse portionsweise mit dem Spritzbeutel auf das Blech

setzen. Die Masse bei 150 Grad Umluft ca. 15 Minuten backen. Die Schalen abkühlen lassen.

Füllung

Alle Zutaten für die Füllung in den sauberen Mixtopf geben. Auf Stufe 5/ 30 Sekunden mischen. Alles bei 90 Grad/ Stufe 2/ 6 Minuten erwärmen. Die Masse 1 Stunde kaltstellen. Man braucht eine Macaronschale als Oberteil und eine als Unterteil. Die Schalen mit der Masse füllen und kaltstellen.

## *Schokoladen Chili Macarons*

Zutaten
Macaronschalenteig
125 g gemahlene weiße Mandeln
150 g Puderzucker
100 g Zucker, fein
4 Eiweiße
1 TL Backkakao

Füllung
100 g gehackte Zartbitterschokolade
1 große Prise Chili
1 Prise schwarzer Pfeffer
50 g Sahne
50 g gehackte Pistazien

Zubereitung
Wir beginnen mit den Macaronschalen.
Mandeln und Puderzucker in den Mixtopf geben und nochmals auf Stufe 10/ 15 Sekunden mahlen. In eine Schüssel umfüllen.
Den Topf reinigen. Den Schmetterling einsetzen und das Eiweiß einfüllen. Auf Stufe 4/ ca. 2 Minuten steif schlagen. Den Schmetterling entfernen. Nun die übrigen Teigzutaten hinzugeben. Wer mag, kann noch ein paar Tropfen Lebensmittelfarbe hinzugeben. Auf Stufe 2/ 15 Sekunden rühren. Die Masse in einem Spritzbeutel umfüllen. Ein Backblech mit Backpapier belegen. Die Masse portionsweise mit dem Spritzbeutel auf das Blech setzen. Die Masse bei 150 Grad Umluft ca. 15 Minuten backen. Die Schalen abkühlen lassen.

Füllung
Alle Zutaten für die Füllung in den sauberen Mixtopf geben. Auf Stufe 5/ 30 Sekunden mischen. Alles bei 90 Grad/ Stufe 2/ 6 Minuten erwärmen. Die Masse 1 Stunde kaltstellen. Man braucht eine Macaronschale als Oberteil und eine als Unterteil. Die Schalen mit der Masse füllen und kaltstellen.

### *Erdbeere Balsamico Macarons*

Zutaten
Macaronschalenteig
125 g gemahlene weiße Mandeln
150 g Puderzucker
100 g Zucker, fein
4 Eiweiße

Füllung
100 g gehackte weiße Schokolade
50 g Erdbeermarmelde
10 g Balsamicoessig
50 g gehackte Pistazien


Zubereitung
Wir beginnen mit den Macaronschalen.
Mandeln und Puderzucker in den Mixtopf geben und nochmals auf Stufe 10/ 15 Sekunden mahlen. In eine Schüssel umfüllen.
Den Topf reinigen. Den Schmetterling einsetzen und das Eiweiß einfüllen. Auf Stufe 4/ ca. 2 Minuten steif schlagen. Den Schmetterling entfernen. Nun die übrigen Teigzutaten hinzugeben. Wer mag, kann noch ein paar Tropfen Lebensmittelfarbe hinzugeben. Auf Stufe 2/ 15 Sekunden rühren. Die Masse in einem Spritzbeutel umfüllen. Ein Backblech mit Backpapier belegen. Die Masse portionsweise mit dem Spritzbeutel auf das Blech setzen. Die Masse bei 150 Grad Umluft ca. 15 Minuten backen. Die Schalen abkühlen lassen.

Füllung
Alle Zutaten für die Füllung in den sauberen Mixtopf geben. Auf Stufe 5/ 30 Sekunden mischen. Alles bei 90 Grad/ Stufe 2/ 6 Minuten erwärmen. Die Masse 1 Stunde kaltstellen. Man braucht eine Macaronschale als Oberteil und eine als Unterteil. Die Schalen mit der Masse füllen und kaltstellen.

### *Cranberry Macarons*

Zutaten
Macaronschalenteig
125 g gemahlene weiße Mandeln
150 g Puderzucker
100 g Zucker, fein
4 Eiweiße
1 TL Matchapulver

Füllung
100 g gehackte weiße Schokolade
50 g Sahne
50 g gehackte Mandeln
30 g getrocknete und gehackte Cranberrys
1 TL klarer Schnaps


Zubereitung
Wir beginnen mit den Macaronschalen.
Mandeln und Puderzucker in den Mixtopf geben und nochmals auf Stufe 10/ 15 Sekunden mahlen. In eine Schüssel umfüllen.
Den Topf reinigen. Den Schmetterling einsetzen und das Eiweiß einfüllen. Auf Stufe 4/ ca. 2 Minuten steif schlagen. Den Schmetterling entfernen. Nun die übrigen Teigzutaten hinzugeben. Wer mag, kann noch ein paar Tropfen Lebensmittelfarbe hinzugeben. Auf Stufe 2/ 15 Sekunden rühren. Die Masse in einem Spritzbeutel umfüllen. Ein Backblech mit Backpapier belegen. Die Masse portionsweise mit dem Spritzbeutel auf das Blech

setzen. Die Masse bei 150 Grad Umluft ca. 15 Minuten backen. Die Schalen abkühlen lassen.

Füllung

Alle Zutaten für die Füllung in den sauberen Mixtopf geben. Auf Stufe 5/ 30 Sekunden mischen. Alles bei 90 Grad/ Stufe 2/ 6 Minuten erwärmen. Die Masse 1 Stunde kaltstellen. Man braucht eine Macaronschale als Oberteil und eine als Unterteil. Die Schalen mit der Masse füllen und kaltstellen.

## Marzipan Macarons

Zutaten
Macaronschalenteig
125 g gemahlene weiße Mandeln
150 g Puderzucker
100 g Zucker, fein
4 Eiweiße
½ Fläschchen Bittermandelbacköl

Füllung
100 g gehackte weiße Schokolade
50 g Sahne
100 g Marzipanrohmasse


Zubereitung
Wir beginnen mit den Macaronschalen.
Mandeln und Puderzucker in den Mixtopf geben und nochmals auf Stufe 10/ 15 Sekunden mahlen. In eine Schüssel umfüllen.
Den Topf reinigen. Den Schmetterling einsetzen und das Eiweiß einfüllen. Auf Stufe 4/ ca. 2 Minuten steif schlagen. Den Schmetterling entfernen. Nun die übrigen Teigzutaten hinzugeben. Wer mag, kann noch ein paar Tropfen Lebensmittelfarbe hinzugeben. Auf Stufe 2/ 15 Sekunden rühren. Die Masse in einem Spritzbeutel umfüllen. Ein Backblech mit Backpapier belegen. Die Masse portionsweise mit dem Spritzbeutel auf das Blech setzen. Die Masse bei 150 Grad Umluft ca. 15 Minuten backen. Die Schalen abkühlen lassen.
Füllung

Alle Zutaten für die Füllung in den sauberen Mixtopf geben. Auf Stufe 5/ 30 Sekunden mischen. Alles bei 90 Grad/ Stufe 2/ 6 Minuten erwärmen. Die Masse 1 Stunde kaltstellen. Man braucht eine Macaronschale als Oberteil und eine als Unterteil. Die Schalen mit der Masse füllen und kaltstellen.

### Salmiak Macarons

Zutaten
Macaronschalenteig
125 g gemahlene weiße Mandeln
150 g Puderzucker
100 g Zucker, fein
4 Eiweiße
1 gute Prise Salz

Füllung
100 g gehackte weiße Schokolade
50 g Sahne
50 g gehackte Salmiakpastillen
50 g gemahlene Mandeln


Zubereitung
Wir beginnen wie immer mit den Macaronschalen. Mandeln und Puderzucker in den Mixtopf geben und nochmals auf Stufe 10/ 15 Sekunden mahlen. In eine Schüssel umfüllen.
Den Topf reinigen. Den Schmetterling einsetzen und das Eiweiß einfüllen. Auf Stufe 4/ ca. 2 Minuten steif schlagen. Den Schmetterling entfernen. Nun die übrigen Teigzutaten hinzugeben. Wer mag, kann noch ein paar Tropfen Lebensmittelfarbe hinzugeben. Auf Stufe 2/ 15 Sekunden rühren. Die Masse in einem Spritzbeutel umfüllen. Ein Backblech mit Backpapier belegen. Die Masse portionsweise mit dem Spritzbeutel auf das Blech setzen. Die Masse bei 150 Grad Umluft ca. 15 Minuten backen. Die Schalen abkühlen lassen.
Füllung

Alle Zutaten für die Füllung in den sauberen Mixtopf geben. Auf Stufe 5/ 30 Sekunden mischen. Alles bei 90 Grad/ Stufe 2/ 6 Minuten erwärmen. Die Masse 1 Stunde kaltstellen. Man braucht eine Macaronschale als Oberteil und eine als Unterteil. Die Schalen mit der Masse füllen und kaltstellen.

### *Anis Macarons*

Zutaten
Macaronschalenteig
125 g gemahlene weiße Mandeln
150 g Puderzucker
100 g Zucker, fein
4 Eiweiße

Füllung
100 g gehackte weiße Schokolade
50 g Sahne
50 g gehackte Mandeln
1 TL Anispulver


Zubereitung
Wir beginnen mit den Macaronschalen.
Mandeln und Puderzucker in den Mixtopf geben und nochmals auf Stufe 10/ 15 Sekunden mahlen. In eine Schüssel umfüllen.
Den Topf reinigen. Den Schmetterling einsetzen und das Eiweiß einfüllen. Auf Stufe 4/ ca. 2 Minuten steif schlagen. Den Schmetterling entfernen. Nun die übrigen Teigzutaten hinzugeben. Wer mag, kann noch ein paar Tropfen Lebensmittelfarbe hinzugeben. Auf Stufe 2/ 15 Sekunden rühren. Die Masse in einem Spritzbeutel umfüllen. Ein Backblech mit Backpapier belegen. Die Masse portionsweise mit dem Spritzbeutel auf das Blech setzen. Die Masse bei 150 Grad Umluft ca. 15 Minuten backen. Die Schalen abkühlen lassen.

Füllung
Alle Zutaten für die Füllung in den sauberen Mixtopf geben. Auf Stufe 5/ 30 Sekunden mischen. Alles bei 90 Grad/ Stufe 2/ 6 Minuten erwärmen. Die Masse 1 Stunde kaltstellen. Man braucht eine Macaronschale als Oberteil und eine als Unterteil. Die Schalen mit der Masse füllen und kaltstellen.

## *Schoko Orangen Macarons*

Zutaten
Macaronschalenteig
125 g gemahlene weiße Mandeln
150 g Puderzucker
100 g Zucker, fein
4 Eiweiße
2 TL gemahlene Orangenschale

Füllung
100 g gehackte dunkle Schokolade
50 g Sahne
50 g gehackte Mandeln
1 TL gemahlene Orangenschale


Zubereitung
Wir beginnen mit den Macaronschalen.
Mandeln und Puderzucker in den Mixtopf geben und nochmals auf Stufe 10/ 15 Sekunden mahlen. In eine Schüssel umfüllen.
Den Topf reinigen. Den Schmetterling einsetzen und das Eiweiß einfüllen. Auf Stufe 4/ ca. 2 Minuten steif schlagen. Den Schmetterling entfernen. Nun die übrigen Teigzutaten hinzugeben. Wer mag, kann noch ein paar Tropfen Lebensmittelfarbe hinzugeben. Auf Stufe 2/ 15 Sekunden rühren. Die Masse in einem Spritzbeutel umfüllen. Ein Backblech mit Backpapier belegen. Die Masse portionsweise mit dem Spritzbeutel auf das Blech setzen. Die Masse bei 150 Grad Umluft ca. 15 Minuten backen. Die Schalen abkühlen lassen.

Füllung

Alle Zutaten für die Füllung in den sauberen Mixtopf geben. Auf Stufe 5/ 30 Sekunden mischen. Alles bei 90 Grad/ Stufe 2/ 6 Minuten erwärmen. Die Masse 1 Stunde kaltstellen. Man braucht eine Macaronschale als Oberteil und eine als Unterteil. Die Schalen mit der Masse füllen und kaltstellen.

## White Chocolate Lemon Macarons

Zutaten
Macaronschalenteig
125 g gemahlene weiße Mandeln
150 g Puderzucker
100 g Zucker, fein
4 Eiweiße
2 TL gemahlene Zitronenschale

Füllung
100 g gehackte weiße Schokolade
50 g Sahne
2 TL gemahlene Zitronenschale
30 g Puderzucker
30 g gemahlene Mandeln


Zubereitung
Wir beginnen mit den Macaronschalen.
Mandeln und Puderzucker in den Mixtopf geben und nochmals auf Stufe 10/ 15 Sekunden mahlen. In eine Schüssel umfüllen.
Den Topf reinigen. Den Schmetterling einsetzen und das Eiweiß einfüllen. Auf Stufe 4/ ca. 2 Minuten steif schlagen. Den Schmetterling entfernen. Nun die übrigen Teigzutaten hinzugeben. Wer mag, kann noch ein paar Tropfen Lebensmittelfarbe hinzugeben. Auf Stufe 2/ 15 Sekunden rühren. Die Masse in einem Spritzbeutel umfüllen. Ein Backblech mit Backpapier belegen. Die Masse portionsweise mit dem Spritzbeutel auf das Blech setzen. Die Masse bei 150 Grad Umluft ca. 15 Minuten backen. Die Schalen abkühlen lassen.

Füllung

Alle Zutaten für die Füllung in den sauberen Mixtopf geben. Auf Stufe 5/ 30 Sekunden mischen. Alles bei 90 Grad/ Stufe 2/ 6 Minuten erwärmen. Die Masse 1 Stunde kaltstellen. Man braucht eine Macaronschale als Oberteil und eine als Unterteil. Die Schalen mit der Masse füllen und kaltstellen.

## Schokoladen Matcha Macarons

Zutaten
Macaronschalenteig
125 g gemahlene weiße Mandeln
150 g Puderzucker
100 g Zucker, fein
4 Eiweiße
1 TL Matchapulver

Füllung
100 g gehackte dunkle Schokolade
50 g Sahne
50 g gehackte Pistazien


Zubereitung
Wir beginnen mit den Macaronschalen.
Mandeln und Puderzucker in den Mixtopf geben und nochmals auf Stufe 10/ 15 Sekunden mahlen. In eine Schüssel umfüllen.
Den Topf reinigen. Den Schmetterling einsetzen und das Eiweiß einfüllen. Auf Stufe 4/ ca. 2 Minuten steif schlagen. Den Schmetterling entfernen. Nun die übrigen Teigzutaten hinzugeben. Wer mag, kann noch ein paar Tropfen Lebensmittelfarbe hinzugeben. Auf Stufe 2/ 15 Sekunden rühren. Die Masse in einem Spritzbeutel umfüllen. Ein Backblech mit Backpapier belegen. Die Masse portionsweise mit dem Spritzbeutel auf das Blech setzen. Die Masse bei 150 Grad Umluft ca. 15 Minuten backen. Die Schalen abkühlen lassen.
Füllung

Alle Zutaten für die Füllung in den sauberen Mixtopf geben. Auf Stufe 5/ 30 Sekunden mischen. Alles bei 90 Grad/ Stufe 2/ 6 Minuten erwärmen. Die Masse 1 Stunde kaltstellen. Man braucht eine Macaronschale als Oberteil und eine als Unterteil. Die Schalen mit der Masse füllen und kaltstellen.

### *Himbeere Bananen Marmelade*

Zutaten
300 g Bananen
500 g Gelierzucker 1:2
700 g Himbeeren aufgetaut
1 Prise Zimt

Zubereitung
Das Obst in den Mixtopf geben. Auf Stufe 5 / 2 Minuten zerkleinern. Nun den Gelierzucker in den Topf schütten. Jetzt ca. 17 Minuten / 100 Grad / Stufe 2.  Jetzt kann die Leckerei umgefüllt werden. Die Gläser vorsichtshalber auf den Kopf stellen.

## *Erdbeere Balsamico Marmelade*

Zutaten
100 g Balsamico
500 g Gelierzucker 1:2
900 g Erdbeeren

Zubereitung
Das Obst und den Balsamico in den Mixtopf geben. Auf Stufe 5 / 2 Minuten zerkleinern. Nun den Gelierzucker in den Topf schütten.
Jetzt ca. 17 Minuten / 100 Grad / Stufe 2. Die Marmelade kann umgefüllt werden. Wegen den Balsamico vor den Verzehr nochmals eine Woche ziehen lassen.

## Avocado Aprikosen Marmelade

Zutaten
300 g Avocadomark
500 g Gelierzucker 1:2
700 g Aprikosen entsteint

Zubereitung
Das Obst in den Mixtopf geben. Auf Stufe 5 / 2 Minuten zerkleinern. Nun den Gelierzucker in den Topf schütten. Jetzt ca. 17 Minuten / 100 Grad / Stufe 2. Jetzt kann die Leckerei umgefüllt werden. Die Gläser vorsichtshalber auf den Kopf stellen.

## Birnen Marzipan Marmelade

Zutaten
300 g Marzipanrohmasse
1 Röhrchen Bittermandelöl
500 g Gelierzucker 1:2
700 g Birnen, entsteint und geschält

Zubereitung
Das Obst und Marzipan in den Mixtopf geben. Auf Stufe 5 / 2 Minuten zerkleinern. Nun den Gelierzucker in den Topf schütten.
Jetzt ca. 17 Minuten / 100 Grad / Stufe 2. Jetzt kann die Leckerei umgefüllt werden. Die Gläser vorsichtshalber auf den Kopf stellen.

### *Apfel Mohn Marmelade*

Zutaten
200 g Mohn
500 g Gelierzucker 1:2
800 g Äpfel, geschält und entkernt
1 Prise Zimt

Zubereitung
Das Obst in den Mixtopf geben. Auf Stufe 5 / 2 Minuten zerkleinern. Nun den Gelierzucker in den Topf schütten. Jetzt ca. 17 Minuten / 100 Grad / Stufe 2. Alles in saubere Gläser umfüllen.


### *Brombeere Marmelade*

Zutaten
1000 g Brombeeren
500 g Gelierzucker 1:2

Zubereitung
Das Obst in den Mixtopf geben. Auf Stufe 5 / 2 Minuten zerkleinern. Nun den Gelierzucker in den Topf schütten. Jetzt ca. 17 Minuten / 100 Grad / Stufe 2. Jetzt kann die Leckerei umgefüllt werden. Die Gläser vorsichtshalber auf den Kopf stellen.

### *Clementinen Bananen Marmelade*

Zutaten
300 g Bananen
500 g Gelierzucker 1:2
700 g Clementinen geschält
1 Pck. Vanillezucker

Zubereitung
Das Obst und den Vanillezucker in den Mixtopf geben. Auf Stufe 5 / 2 Minuten zerkleinern. Nun den Gelierzucker in den Topf schütten.
Jetzt ca. 17 Minuten / 100 Grad / Stufe 2. Nun kann die Marmelade umgefüllt werden.

### *Feigen Zimt Marmelade*

Zutaten
1000 g Feigen
500 g Gelierzucker 1:2
1TL Zimt
1 TL Vanillezucker
1 Prise Nelke

Zubereitung
Das Obst und Gewürze in den Mixtopf geben. Auf Stufe 5 / 2 Minuten zerkleinern. Nun den Gelierzucker in den Topf schütten.
Jetzt ca. 17 Minuten / 100 Grad / Stufe 2. Jetzt kann die Marmelade umgefüllt werden. Die Gläser auf den Kopf stellen.

## *Granatapfel Rotwein Marmelade*

Zutaten
300 g Rotwein
500 g Gelierzucker 1:2
700 g Granatapfelfleisch
aus der Schale gelöst
1 Prise Zimt

Zubereitung
Das Obst und Zimt in den Mixtopf geben. Auf Stufe 5 / 2 Minuten zerkleinern. Nun den Gelierzucker in den Topf schütten.
Jetzt ca. 17 Minuten / 100 Grad / Stufe 2. Jetzt kann die Leckerei umgefüllt werden. Die Gläser vorsichtshalber auf den Kopf stellen.

### *Heidelbeere Marmelade*

Zutaten
1000 g Heidelbeeren
500 g Gelierzucker 1:2
1 Pck. Vanillezucker

Zubereitung
Das Obst und den Vanillezucker in den Mixtopf geben. Auf Stufe 5 / 2 Minuten zerkleinern. Nun den Gelierzucker in den Topf schütten.
Jetzt ca. 17 Minuten / 100 Grad / Stufe 2.  Jetzt kann die Leckerei umgefüllt werden.

## *Honigmelone Holunder Marmelade*

Zutaten
300 g Holunder
500 g Gelierzucker 1:2
700 g Honigmelone geschält

Zubereitung
Das Obst in den Mixtopf geben. Auf Stufe 5 / 2 Minuten zerkleinern. Nun den Gelierzucker in den Topf schütten. Jetzt ca. 17 Minuten / 100 Grad / Stufe 2. Jetzt kann die Leckerei umgefüllt werden. Die Gläser vorsichtshalber auf den Kopf stellen.

## *Himbeere Avocado Marmelade*

Zutaten
300 g Avocado
500 g Gelierzucker 1:2
700 g Himbeeren aufgetaut

Zubereitung
Das Obst in den Mixtopf geben. Auf Stufe 5 / 2 Minuten zerkleinern. Nun den Gelierzucker in den Topf schütten. Jetzt ca. 17 Minuten / 100 Grad / Stufe 2. Jetzt kann die Leckerei umgefüllt werden. Die Gläser vorsichtshalber auf den Kopf stellen.

## *Kiwi Avocado Marmelade*

Zutaten
300 g Avocado
500 g Gelierzucker 1:2
700 g Kiwi geschält

Zubereitung
Das Obst in den Mixtopf geben. Auf Stufe 5 / 2 Minuten zerkleinern. Nun den Gelierzucker in den Topf schütten. Jetzt ca. 17 Minuten / 100 Grad / Stufe 2. Jetzt kann die Leckerei umgefüllt werden. Die Gläser vorsichtshalber auf den Kopf stellen.

## *Schoko Kirsch Marmelade*

Zutaten
300 g Schokostreusel
500 g Gelierzucker 1:2
800 g Kirschen gewaschen
und entsteint
1 Prise Zimt

Zubereitung
Das Obst in den Mixtopf geben. Auf Stufe 5 / 2 Minuten zerkleinern. Nun den Gelierzucker in den Topf schütten. Jetzt ca. 17 Minuten / 100 Grad / Stufe 2. Nun die Schokostreusel einfüllen und 5 Sekunden / Stufe 1. Jetzt kann die Leckerei umgefüllt werden. Die Gläser vorsichtshalber auf den Kopf stellen.

### *Lychee Marmelade*

Zutaten
900 g Lychee
500 g Gelierzucker 1:2
100 g Weißwein

Zubereitung
Das Obst und den Wein in den Mixtopf geben. Auf Stufe 5 / 2 Minuten zerkleinern. Nun den Gelierzucker in den Topf schütten.
Jetzt ca. 17 Minuten / 100 Grad / Stufe 2. Jetzt kann die Marmelade noch heiß umgefüllt werden.

### *Mango Maracuja Marmelade*

Zutaten
500g Mango geschält
500 g Gelierzucker 1:2
500 g Maracujamark
100 g Orangensaft

Zubereitung
Das Obst und den Saft in den Mixtopf geben. Auf Stufe 5 / 2 Minuten zerkleinern. Nun den Gelierzucker in den Topf schütten.
Jetzt ca. 17 Minuten / 100 Grad / Stufe 2. Jetzt kann die Leckerei umgefüllt werden. Die Gläser vorsichtshalber auf den Kopf stellen.

## *Mirabellen Weißwein Marmelade*

Zutaten
800 g Mirabellen entkernt
500 g Gelierzucker 1:2
200 g Weißwein

Zubereitung
Das Obst und den Wein in den Mixtopf geben. Auf Stufe 5 / 2 Minuten zerkleinern. Nun den Gelierzucker in den Topf schütten.
Jetzt ca. 17 Minuten / 100 Grad / Stufe 2. Jetzt kann die Leckerei umgefüllt werden.

## *Orangen Chili Marmelade*

Zutaten
1000 g Orangen geschält
500 g Gelierzucker 1:2
1 gute Prise Chili

Zubereitung
Das Obst und Chili in den Mixtopf geben. Auf Stufe 5 / 2 Minuten zerkleinern. Nun den Gelierzucker in den Topf schütten.
Jetzt ca. 17 Minuten / 100 Grad / Stufe 2. Alles umfüllen und genießen.

### *Pfirsich Bananen Marmelade*

Zutaten
300 g Banane
500 g Gelierzucker 1:2
700 g Pfirsich entkernt

Zubereitung
Das Obst in den Mixtopf geben. Auf Stufe 5 / 2 Minuten zerkleinern. Nun den Gelierzucker in den Topf schütten. Jetzt ca. 17 Minuten / 100 Grad / Stufe 2. Jetzt kann die Leckerei umgefüllt werden. Die Gläser vorsichtshalber auf den Kopf stellen.

## *Pomelo Gewürz Marmelade*

Zutaten
1000 g Pomelo geschält
500 g Gelierzucker 1:2
½ TL Nelke
½ TL Kardamom
1 Prise Muskat
½ TL Zimt


Zubereitung
Das Obst und die Gewürze in den Mixtopf geben. Auf Stufe 5 / 2 Minuten zerkleinern. Nun den Gelierzucker in den Topf schütten.
Jetzt ca. 17 Minuten / 100 Grad / Stufe 2. Alles in hübsche Gefäße füllen.

## *Papaya Birnen Marmelade*

Zutaten
500 g Papaya
500 g Gelierzucker 1:2
500 g Birne geschält und entkernt

Zubereitung
Das Obst in den Mixtopf geben. Auf Stufe 5 / 2 Minuten zerkleinern. Nun den Gelierzucker in den Topf schütten. Jetzt ca. 17 Minuten / 100 Grad / Stufe 2. Jetzt kann die Leckerei umgefüllt werden. Die Gläser vorsichtshalber auf den Kopf stellen.

## *Weintrauben Wassermelone Marmelade*

Zutaten
500 g Weintraube
500 g Gelierzucker 1:2
500 g Wassermelone geschält

Zubereitung
Das Obst in den Mixtopf geben. Auf Stufe 5 / 2 Minuten zerkleinern. Nun den Gelierzucker in den Topf schütten. Jetzt ca. 17 Minuten / 100 Grad / Stufe 2. Jetzt kann die Marmelade umgefüllt werden. Die Gläser vorsichtshalber auf den Kopf stellen.

## *Weißwein Gelee*

Zutaten
700 g Weißwein (trocken)
500 g Gelierzucker 2 plus 1
10 g Zitronensaft

Zubereitung
Die Zutaten in den Mixtopf füllen und 30 Sekunden / Stufe 5 mischen. Dann auf 100 Grad / Stufe 2 / ca. 19 Minuten kochen. Zwischendurch mal eine Gelierprobe machen und umfüllen.

### *Holunderbeersaft Gelee*

Zutaten
700 g Holunderbeersaft
500 g Gelierzucker 2:1

Zubereitung
Die Zutaten in den Mixtopf füllen und 30 Sekunden / Stufe 5 mischen. Dann auf 100 Grad / Stufe 2 / ca. 19 Minuten kochen. Zwischendurch mal eine Gelierprobe machen und umfüllen. Wichtig ist es, das alles richtig durchkocht, der Zucker muss sich lösen.

## *Johannisbeere Vanille Gelee*

Zutaten
700 g Johannisbeersaft
500 g Gelierzucker 2:1
2 Pck. Vanillezucker

Zubereitung
Die Zutaten in den Mixtopf füllen und 30 Sekunden / Stufe 5 mischen. Dann auf 100 Grad / Stufe 2 / ca. 19 Minuten kochen. Zwischendurch mal eine Gelierprobe machen und umfüllen. Wichtig ist es, das alles richtig durchkocht, der Zucker muss sich lösen.

### *Holunderbeersaft Gelee*

Zutaten
700 g Holunderbeersaft
500 g Gelierzucker 2:1

Zubereitung
Die Zutaten in den Mixtopf füllen und 30 Sekunden / Stufe 5 mischen. Dann auf 100 Grad / Stufe 2 / ca. 19 Minuten kochen. Zwischendurch mal eine Gelierprobe machen und umfüllen. Wichtig ist es, das alles richtig durchkocht, der Zucker muss sich lösen.

### *Glühwein Gelee*

Zutaten
700 g Glühwein
500 g Gelierzucker 2:1

Zubereitung
Die Zutaten in den Mixtopf füllen und 30 Sekunden / Stufe 5 mischen. Dann auf 100 Grad / Stufe 2 / ca. 19 Minuten kochen. Zwischendurch mal eine Gelierprobe machen und umfüllen.

### *Grüntee Gelee*

Zutaten
700 g Grüntee
500 g Gelierzucker 2:1

Zubereitung
Die Zutaten in den Mixtopf füllen und 30 Sekunden / Stufe 5 mischen. Dann auf 100 Grad / Stufe 2 / ca. 19 Minuten kochen. Zwischendurch mal eine Gelierprobe machen und umfüllen.

### *Multivitamin Gelee*

Zutaten
700 g Multivitaminsaft
500 g Gelierzucker 2:1

Zubereitung
Die Zutaten in den Mixtopf füllen und 30 Sekunden / Stufe 5 mischen. Dann auf 100 Grad / Stufe 2 / ca. 19 Minuten kochen. Zwischendurch mal eine Gelierprobe machen und umfüllen. Wichtig ist es, das alles richtig durchkocht, der Zucker muss sich lösen.

## *Birnen Gelee*

Zutaten
650 g Birnensaft
50 g klarer Schnaps
500 g Gelierzucker 2:1

Zubereitung
Die Zutaten in den Mixtopf füllen und 30 Sekunden / Stufe 5 mischen. Dann auf 100 Grad / Stufe 2 / ca. 19 Minuten kochen. Zwischendurch mal eine Gelierprobe machen und umfüllen. Wichtig ist es, das alles richtig durchkocht, der Zucker muss sich lösen.

## *Rum Rosinen Gelee*

Zutaten
100 g Rum
100 g Rosinen
500 g Wasser
500 g Gelierzucker 2:1

Zubereitung
Die Zutaten in den Mixtopf füllen und 30 Sekunden / Stufe 5 mischen. Dann auf 100 Grad / Stufe 2 / ca. 19 Minuten kochen. Zwischendurch mal eine Gelierprobe machen und umfüllen. Wichtig ist es, das alles richtig durchkocht, der Zucker muss sich lösen.

## *Blutorangen Gelee*

Zutaten
700 g Blutorangensaft
1 Pck. Vanillezucker
500 g Gelierzucker 2:1

Zubereitung
Die Zutaten in den Mixtopf füllen und 30 Sekunden / Stufe 5 mischen. Dann auf 100 Grad / Stufe 2 / ca. 19 Minuten kochen. Zwischendurch mal eine Gelierprobe machen und umfüllen. Wichtig ist es, das alles richtig durchkocht, der Zucker muss sich lösen.

### *Kirsch Chili Gelee*

Zutaten
700 g Kirschsaft
500 g Gelierzucker 2:1
1 Prise Chili

Zubereitung
Die Zutaten in den Mixtopf füllen und 30 Sekunden / Stufe 5 mischen. Dann auf 100 Grad / Stufe 2 / ca. 19 Minuten kochen. Zwischendurch mal eine Gelierprobe machen und umfüllen.

## *Rote Bete Gelee*

Zutaten
600 g Rote Bete Saft
100 g Apfelsaft
500 g Gelierzucker 2:1

Zubereitung
Die Zutaten in den Mixtopf füllen und 30 Sekunden / Stufe 5 mischen. Dann auf 100 Grad / Stufe 2 / ca. 19 Minuten kochen. Zwischendurch mal eine Gelierprobe machen und umfüllen. Wichtig ist es, das alles richtig durchkocht, der Zucker muss sich lösen.

## *Apfel Karotten Gelee*

Zutaten
400 g Karottensaft
300 g Apfelsaft
1 Prise Pfeffer schwarz
500 g Gelierzucker 2:1

Zubereitung
Die Zutaten in den Mixtopf füllen und 30 Sekunden / Stufe 5 mischen. Dann auf 100 Grad / Stufe 2 / ca. 19 Minuten kochen. Zwischendurch mal eine Gelierprobe machen und umfüllen. Wichtig ist es, das alles richtig durchkocht, der Zucker muss sich lösen.

### *Granatapfel Rotwein Gelee*

Zutaten
350 g Rotwein
350 g Granatapfelsaft
½ TL Zimt
500 g Gelierzucker 2:1

Zubereitung
Die Zutaten in den Mixtopf füllen und 30 Sekunden / Stufe 5 mischen. Dann auf 100 Grad / Stufe 2 / ca. 19 Minuten kochen. Zwischendurch mal eine Gelierprobe machen und umfüllen.

## *Apfel Gelee*

Zutaten
700 g Apfelsaft
500 g Gelierzucker 2:1
1 TL Zimt

Zubereitung
Die Zutaten in den Mixtopf füllen und 30 Sekunden / Stufe 5 mischen. Dann auf 100 Grad / Stufe 2 / ca. 19 Minuten kochen. Zwischendurch mal eine Gelierprobe machen und umfüllen. Wichtig ist es, das alles richtig durchkocht, der Zucker muss sich lösen.

### *Tomaten Basilikum Gelee*

Zutaten
700 g Tomatensaft
50 g Basilikum frisch
1 Knoblauchzehe
1 Prise Pfeffer
500 g Gelierzucker 2:1

Zubereitung
Die Zutaten in den Mixtopf füllen und 30 Sekunden / Stufe 5 mischen. Dann auf 100 Grad / Stufe 2 / ca. 19 Minuten kochen. Zwischendurch mal eine Gelierprobe machen und umfüllen. Wichtig ist es, das alles richtig durchkocht, der Zucker muss sich lösen.

### *Kokos Gelee*

Zutaten
700 g Kokosmilch
100 g Kokosflocken
500 g Gelierzucker 2:1

Zubereitung
Die Zutaten in den Mixtopf füllen und 30 Sekunden / Stufe 5 mischen. Dann auf 100 Grad / Stufe 2 / ca. 19 Minuten kochen. Zwischendurch mal eine Gelierprobe machen und umfüllen. Wichtig ist es, das alles richtig durchkocht, der Zucker muss sich lösen.

### *Karamell Gelee*

Zutaten
150 g Monin Karamell Sirup
100 g Kondensmilch
450 g Wasser
500 g Gelierzucker 2:1

Zubereitung
Die Zutaten in den Mixtopf füllen und 30 Sekunden / Stufe 5 mischen. Dann auf 100 Grad / Stufe 2 / ca. 19 Minuten kochen. Zwischendurch mal eine Gelierprobe machen und umfüllen. Wichtig ist es, das alles richtig durchkocht, der Zucker muss sich lösen.

### *Orangen Curd*

Zutaten
4 Eier
120 g Butter
400 g Zucker
140 g Orangensaftkonzentrat
abgeriebene Schale einer
Bio Orange

Zutaten
Alle Zutaten in den Mixtopf geben und ca. 20 Minuten / 90 Grad / Stufe 2 eindicken lassen. Die Masse umfüllen und im Kühlschrank aufbewahren.

### *Erdbeere Curd*

Zutaten
4 Eier
120 g Butter
400 g Zucker
80 g Kondensmilch
60 g Erdbeermilchpulver

Zutaten
Alle Zutaten in den Mixtopf geben und ca. 20 Minuten / 90 Grad / Stufe 2 eindicken lassen. Die Masse umfüllen und im Kühlschrank aufbewahren.

### *Schoko Mandel Curd*

Zutaten
4 Eier
120 g Butter
400 g Zucker
140 g Kondensmilch
50 g Kakaopulver
70 g gemahlene Mandeln
1 Pck. Vanillezucker

Zutaten
Alle Zutaten in den Mixtopf geben und ca. 20 Minuten / 90 Grad / Stufe 2 eindicken lassen. Die Masse umfüllen und im Kühlschrank aufbewahren.

### *Milch Curd*

Zutaten
4 Eier
120 g Butter
400 g Zucker
140 g Kondensmilch

Zutaten
Alle Zutaten in den Mixtopf geben und ca. 20 Minuten / 90 Grad / Stufe 2 eindicken lassen. Die Masse umfüllen und im Kühlschrank aufbewahren.

### *Sonnenblumenkern Curd*

Zutaten
4 Eier
120 g Butter
400 g Zucker
140 g Kondensmilch
100 g geröstete Sonnenblumenkerne

Zutaten
Alle Zutaten in den Mixtopf geben und ca. 20 Minuten / 90 Grad / Stufe 2 eindicken lassen. Die Masse umfüllen und im Kühlschrank aufbewahren.

## *Zitronen Curd*

Zutaten
4 Eier
120 g Butter
400 g Zucker
140 g Kondensmilch
Saft einer Zitrone
Abgeriebene Schale einer
Bio Zitrone

Zutaten
Alle Zutaten in den Mixtopf geben und ca. 20 Minuten / 90 Grad / Stufe 2 eindicken lassen. Die Masse umfüllen und im Kühlschrank aufbewahren.

## *Zimt Curd*

Zutaten
4 Eier
120 g Butter
400 g Zucker
140 g Kondensmilch
1 gehäufter TL Zimt

Zutaten
Alle Zutaten in den Mixtopf geben und ca. 20 Minuten / 90 Grad / Stufe 2 eindicken lassen. Die Masse umfüllen und im Kühlschrank aufbewahren.

## *Bananen Curd*

Zutaten
4 Eier
120 g Butter
400 g Zucker
140 g Kondensmilch
50 g Bananenmilch Pulver

Zutaten
Alle Zutaten in den Mixtopf geben und ca. 20 Minuten / 90 Grad / Stufe 2 eindicken lassen. Die Masse umfüllen und im Kühlschrank aufbewahren.

## *Johannisbeere Curd*

Zutaten
4 Eier
120 g Butter
400 g Zucker
140 g Kondensmilch
50 g Johannisbeere Marmelade

Zutaten
Alle Zutaten in den Mixtopf geben und ca. 20 Minuten / 90 Grad / Stufe 2 eindicken lassen. Die Masse umfüllen und im Kühlschrank aufbewahren.

## *Waldmeister Curd*

Zutaten
4 Eier
120 g Butter
400 g Zucker
120 g Kondensmilch
50 g Waldmeistersirup

Zutaten
Alle Zutaten in den Mixtopf geben und ca. 20 Minuten / 90 Grad / Stufe 2 eindicken lassen. Die Masse umfüllen und im Kühlschrank aufbewahren.


## *Vanille Rosinen Curd*

Zutaten
4 Eier
120 g Butter
400 g Zucker
140 g Kondensmilch
100 g Rosinen
Mark einer Vanilleschote

Zutaten
Alle Zutaten in den Mixtopf geben und ca. 20 Minuten / 90 Grad / Stufe 2 eindicken lassen. Die Masse umfüllen und im Kühlschrank aufbewahren.

### *Himbeere Curd*

Zutaten
4 Eier
120 g Butter
400 g Zucker
140 g Kondensmilch
50 g Himbeere Marmelade

Zutaten
Alle Zutaten in den Mixtopf geben und ca. 20 Minuten / 90 Grad / Stufe 2 eindicken lassen. Die Masse umfüllen und im Kühlschrank aufbewahren.

## *Nachtrag zum Impressum/*

## *Copyright*

Shutterstock-com
- Dotschok
- Africa Studio
- Amalia Eka
- Davidovic
- FomaA
- Jörg Beuge
- Kolesova
- Mara ZE
- Markova
- Rainbow 33
- Sabyna 75
- Schurfrych

Herstellung und Verlag:
BoD - Books on Demand, Norderstedt
ISBN 978-3-7431-5972-3